AF509835

DISCOURS

PRONONCÉS

SUR LA TOMBE DE M. LE CONTRE-AMIRAL

DE HELL

décédé dans sa terre patrimoniale d'Oberkirch, près d'Obernai,
le 4 octobre 1864.

—

Les obsèques ont eu lieu le 7 octobre, au milieu d'un grand
concours de populations.

STRASBOURG

TYPOGRAPHIE D'ÉDOUARD HUDER, RUE BRULÉE, 12

1864

DISCOURS

PRONONCÉ PAR M. LE GÉNÉRAL DE VIVÈS.

Messieurs,

Des voix plus autorisées, mais assurément pas plus émues que la mienne, auraient pu se faire entendre près de cette tombe pour rendre hommage à la mémoire de l'homme excellent qui vient de terminer une existence si admirablement remplie.

L'immense concours de personnes de tous les âges et de tous les rangs qui se pressent autour de ce cercueil, avec une touchante expression de vénération et de douleur, parle bien plus éloquemment que je ne pourrais le faire ; mais j'ai pensé, qu'officier général de l'armée de terre, il me serait permis de dire ce qu'a été l'éminent officier général de l'armée de mer auquel nous rendons les derniers devoirs.

Toutefois, c'est à un titre qui m'est plus cher, que je réclame le triste bonheur de vous entretenir de celui dont on peut dire qu'une seule chose a égalé son mérite : c'est sa modestie. Ce titre, c'est celui d'un parent qui a été tout particulièrement honoré de sa précieuse et noble amitié.

Déjà, Messieurs, la voix publique vous a dit par quels prodiges de droiture, de persévérance et d'énergie l'amiral de Hell était arrivé à l'un des grades les plus élevés de la marine, et à la dignité de grand-officier de la Légion-d'Honneur. Mais je ne puis résister au désir de vous faire connaître en quelques mots les titres nombreux qu'il s'est acquis à la reconnaissance de son pays.

Anne-Chrétien-Louis de Hell est né en 1783. Destiné à la carrière militaire, il avait reçu à l'âge de 6 ans un brevet de sous-lieutenant dans le régiment de Lauzun, quand les événements politiques vinrent renverser les projets formés pour lui par son père, tombé victime des passions révolutionnaires, le même jour que l'illustre Malesherbes, son ami. En 1794, pour le soustraire aux dangers qui pouvaient le menacer, sa mère l'envoya à Brest, à un ami dévoué qui crut ne pouvoir mieux remplir la mission dont il était chargé, qu'en le faisant embarquer comme mousse sur un navire de guerre.

On peut à peine comprendre tout ce qu'il lui a fallu à cet âge et dans cette position, de force, de volonté et d'ardeur au travail pour réussir au bout de trois ans à acquérir les connaissances exigées des aspirants, et pour arriver ensuite successivement aux divers grades de l'armée navale, jusqu'à celui de contre-amiral. Chargé à plusieurs reprises de missions importantes, il les a toujours remplies d'une manière remarquable.

Ainsi, après les guerres du premier Empire, auxquelles il prit une part aussi brillante qu'il était permis à un officier de marine de le faire à cette époque, les travaux hydographiques dont il fut chargé sur les côtes de Corse ont été recommandés comme modèle par le ministre de la marine à tous les officiers appelés à faire des travaux du même genre.

Plus tard, il ne remplit pas avec moins de distinction le poste, si difficile et si important, de commandant de l'Ecole navale de Brest, où son tact, sa fermeté si paternelle ont produit des résultats qui lui ont valu également les témoignages les plus flatteurs de satisfaction de la part du ministre de la marine. Nommé ensuite gouverneur de l'île Bourbon, il a su, dans cette haute et délicate position, s'attirer le respect et l'affection de tous, et y laisser de son administration des souvenirs qui ne sont point effacés. La France doit à son gouvernement la possession des îles Nossibé et de Mayotte.

Arrivé au grade de contre-amiral en 1839, il fut nommé préfet maritime de Cherbourg en 1843, et s'y est acquis comme partout des titres à l'estime et à la vénération de tous. Il n'a quitté ce poste que pour répondre à la confiance des électeurs de l'arrondissement de Strasbourg qui l'ont élu député en 1844, en même temps que les électeurs d'Obernai l'appelaient à l'honneur de le représenter au conseil général. Enfin, en 1847, ses beaux travaux hydrographiques, son mérite incontesté et l'opinion de tous les officiers de marine les plus compétents, le firent désigner pour la direction générale du dépôt des cartes et plans de la marine.

Après vous avoir parlé de l'homme public, laissez-moi vous dire encore quelques mots de l'homme privé, du père de famille et du maître si aimé des siens et des fidèles serviteurs qui ont donné à sa vieillesse des soins si tendres et si dévoués. Je ne serai contredit par personne quand je dirai qu'on ne pouvait rencontrer un homme plus loyal, plus délicat, plus bienveillant et de meilleur conseil, que l'amiral de Hell ; et ne croyez pas que ce fut l'effet d'un caractère trop facile ; il avait, si je puis m'exprimer ainsi, une douce énergie devant laquelle il fallait s'incliner avec une respectueuse affection, et, dans toutes les positions qu'il a occupées, vous l'avez vu, il avait su se faire obéir, et surtout aimer. C'est qu'il était soutenu et guidé par une piété intime et profonde qui ne cherchait pas l'éclat, mais répandait autour de lui, comme une atmosphère de paix et de reconnaissance envers Dieu. Je disais plus haut qu'il avait ce que le monde appelle une grande modestie alliée à un grand mérite, c'était la vraie humilité chrétienne, rehaussée par une foi profonde dans la miséricorde divine.

Ce qui brillait surtout en lui, c'était l'absence du moi et l'abondance de la charité; et quelle charité! Celle de tous les instants, la plus difficile de toutes, qui sait adoucir et rendre faciles tous les petits frottements de la vie, celle qui excuse tout, croit tout, espère tout et supporte tout.

Lorsque déjà sa voix pouvait à peine se faire entendre, il savait trouver dans son incomparable bonté de ces paroles qui pénètrent dans les plus profonds replis du cœur, soit pour prendre part au bonheur de ceux qui l'approchaient, soit pour les consoler; nul aussi bien que lui ne mettait en pratique ces belles paroles de l'Évangile:

Soyez dans la joie, avec ceux qui sont dans la joie, pleurez avec ceux qui pleurent!

Je ne saurais trop redire quel modèle de bonté, de patience, de douceur et de résignation il a été pendant les dernières années où il a été visité par de grandes infirmités. Enfin je ne saurais mieux terminer qu'en vous disant le passage des Saintes-Écritures qui doit être inscrit sur sa tombe, d'après le désir de sa femme et de ses enfants, et qui s'applique si bien à lui : «Heureux dès à présent sont «les morts qui meurent au Seigneur ; oui, dit l'Es-«prit, car ils se reposent de leurs travaux et leurs «œuvres les suivent.»

Et pour eux j'ajouterai qu'ils reçoivent le plus bel héritage qu'un homme comme lui puisse laisser, c'est l'honneur de porter un tel nom.

———

DISCOURS

PRONONCÉ PAR M. BLANDIN, MAIRE D'OBERNAI.

Messieurs,

Une voix amie et éloquente vous a retracé la noble et honorable carrière qui vient de s'éteindre. Je viens comme maire d'Obernai, et particulièrement comme président des établissements de bienfaisance de cette ville, déposer quelques paroles de reconnaissance sur la tombe de l'homme de bien que nous pleurons. Vous vous rappellerez, Messieurs, avec quel visage plein de bienveillance et d'amitié il accueillait celui qui venait lui demander conseil ou assistance ; vous vous rappellerez que jamais la main d'un malheureux n'a été tendue vers la sienne sans retirer la grosse obole du pauvre ; vous apprendrez par ma voix qu'une de ses dernières pensées a été celle d'un acte de haute bienfaisance. Sa mémoire ne périra jamais à Obernai. Je n'irai pas plus loin, Messieurs. L'émotion me gagne et j'ai hâte d'arriver à quelques pensées consolantes.

Tout n'a pas disparu avec cette enveloppe mortelle. Il nous laisse sa noble famille qui a ses traditions. Il nous laisse le souvenir de ses vertus, de ses actions. Il nous laisse son exemple qui nous oblige, ses œuvres, choses toutes impérissables pour lui et pour nous. Sa belle âme immortelle est allée se réfugier dans le sein de la divinité.

Adieu donc, homme de bien, adieu vertueux citoyen, ou plutôt au revoir, car une des belles pensées du christianisme consiste à se dire : Si tu restes vertueux, tu retrouveras là-bas les hommes qui ont honoré l'humanité et qui nous ont précédés dans la tombe !

DISCOURS

PRONONCÉ PAR M. FÉE, PROFESSEUR A LA FACULTÉ
DE MÉDECINE DE STRASBOURG.

Messieurs,

L'homme de bien et de savoir auquel nous rendons les derniers devoirs porta haut et ferme le pavillon de la France dans des mers lointaines. Il sut se faire une vie utile et glorieuse, et réunissait à un même degré deux qualités qui semblent s'exclure : une grande douceur et une grande fermeté. Il possédait une faculté rare, il savait coloniser, et si ses plans eussent été suivis, nous serions depuis longtemps fortement établis à Madagascar, dont on nous dispute aujourd'hui jusqu'au littoral.

Monsieur de Hell, contre-amiral, grand-officier de la Légion-d'Honneur, ancien gouverneur de Bourbon, ancien directeur de l'école navale de Brest, préfet maritime et député au Corps législatif, débuta comme simple mousse dans la carrière qui devait l'illustrer. Déjà aspirant en 1798, il ne quitta le service qu'en 1848, après 50 ans d'activité. Seul et sans autre protection que son mérite, il parvint à dominer la mauvaise fortune, et s'il s'en réjouit, ce fut surtout dans l'espérance de servir plus utilement sa patrie. Cette noble ambition ne pouvait être déçue, il occupa des positions élevées, et, comme il les domina toutes, sa valeur personnelle se révéla tout à la fois comme homme d'action et comme administrateur.

A bord de ses vaisseaux, il semblait n'être né que pour la vie de marin et pour le commandement; à terre et dans le sein de sa famille, il semblait, par la simplicité de ses goûts, ne vivre heureux qu'assis au foyer domestique. Ses dernières années s'écoulèrent doucement; il se sentait heureux et se plaisait à le dire. La tendresse de ses enfants, fiers d'un tel père, les soins aussi éclairés que persévérants de Madame de Hell prolongèrent une vieillesse pendant laquelle le présent s'embellissait de doux et honorables souvenirs. Les cœurs dévoués qui battaient près de lui empêchèrent le sien de se glacer. Il vivait de leur vie; l'atmosphère d'affection qui l'entourait le soutint bien au delà du terme fixé pour lui par la nature.

On ne voulait pas qu'il mourût et il vivait. La mort pourtant devait triompher.

Ne plaignons pas les morts, Messieurs, plaignons ceux qui survivent et qui pleurent. Chaque année lève un tribut sur nos affections et nous mourons peu à peu dans nos amis qui meurent.

Après avoir acquitté la dette de la vie, heureux ceux qui ont acquitté la dette de la mort. En présence de ce cercueil qui renferme ce qu'il m'était si doux d'aimer, c'est surtout sur une famille qui perd son chef vénéré que je pleure. Monsieur de Hell vient de s'endormir dans la mort comme l'ouvrier qui a fini sa journée. Mais le réveil de la tombe vaut à l'âme des justes une vie nouvelle qui n'a ni déclin ni vieillesse.

www.ingramcontent.com/pod-product-compliance
Lightning Source LLC
LaVergne TN
LVHW011936170726
843501LV00011BA/4449

9 782329 620831